AF143462

Le Retraité, l'Internaute et la Meute

Damien DUBOIS

Le Retraité, l'Internaute et la Meute

Édition : BoD – Books on Demand, info@bod.fr
Impression : BoD – Books on Demand, In de Tarpen 42,
Norderstedt (Allemagne)
Impression à la demande
ISBN : 978-2-3224-5669-7
Dépôt légal : Août 2022

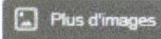 Plus d'images

Jean-Luc Perrier

Scientifique

Jean-Luc Perrier, né le 28 mars 1944 à Angers et décédé le 21 août 1981 dans un accident de la route entre Loudun et Montreuil-Bellay, est un enseignant, inventeur et un scientifique français. Wikipédia

Date de naissance : 28 mars 1944

Date de décès : 21 août 1981, Loudun

Préambule par Google

Avant-propos

Pour Damien, les réseaux sociaux sont un outil de travail et d'échanges professionnels. Il y puise l'inspiration qui le pousse à écrire.

Mais un jour, un post important pour lui, peut-être un peu original, disparaît, peu après que lui en a supprimé un, et cela avait suscité polémiques, quelque peu violentes. Damien souhaitait exposer cette violence des réseaux sociaux, même si celui-ci se dit professionnel, la décrire, la commenter. Mais le post avec ses nombreux commentaires (c'est en effet celui-là) a lui aussi été retiré. C'est le comble, dans un post on lui reproche son geste qu'il croyait sans conséquence, voilà que l'antagoniste sciemment, tout au moins volontairement le supprime, peut-être un peu piteux de tant de violence pour un « quiproquo »...

Ainsi se conclura ce livre :

« Merci pour ta lecture vraie, Paddy, et de ne pas m'en avoir voulu que le thermomètre ne m'empêche pas de piètres tentatives de création en ayant suivi le mouvement crescendo. »

1re partie

I) LES POUDRIERES

Ce que je ne comprends pas, c'est qu'on mette les centrales nucléaires près des villes (Chinon-Avoine) au lieu de faire comme pour les poudrières : les mettre en pleine forêt. C'est presque offrir des gens en otage pour une guerre (!)

— Dadu, le souci avec les centrales perdues au beau milieu de nulle part, c'est le recrutement et les entreprises partenaires...

— Je comprends en partie, mais pour le recrutement, le salaire est motivant, et comment font les autres entreprises ? Elles sont pour certaines heureuses de payer moins d'impôts, je pense.

— Dadu, le salaire ne fait pas tout. Il faut du travail pour les conjoints, des commerces, écoles pour les enfants/ados... quand vous partez vivre au milieu de nulle part, l'argent ne sert à rien... et ça met parfois le binz dans votre couple.

— C'est une bonne remarque. Il y a aussi la proximité avec l'eau. Puis la topographie.

Pardon pour le tag. On a quoi comme critère d'implémentation d'une « tranche » ?

— … Sol stable, forcément, c'est pour ça que Cattenom est éloigné du lit de la Moselle (plus de deux kilomètres). Quant au débit, ça se calcule selon le nombre de tranches et si « aéro » ou pas.

En fait, la centrale s'adapte à son environnement.

— Merci pour les infos, les amis, j'ai la réponse à ma question. Je me doutais de l'obligation d'un circuit de refroidissement (eau courante de fleuve).

Si vous m'y autorisez, je diffuse ça dans un post, car là, tout est en vrac et non en valeur, je ne dois pas être le seul à m'interroger.

Par contre, cela confirme ce que je pensais hier avec un ami, la gestion d'une centrale est faite de volonté écologique, car elle respecte ses employés (ou presque tous).

— Merci, E. R. et J-F N. Merci, @Daniel… pour ta participation.

SÉNIOR, il ne faut pas que je sois rancunier, car je crois que votre génération a tué Jean-Luc Perrier, mais n'a jamais été capable de tuer ma vocation (ça m'aurait bien arrangé !) Vous vous rappelez bien Jean-Luc Perrier, il avait un très bon ami garagiste, J-M, je crois, qui après cela vivait avec la peur, comme les collègues de J-L de la Baronnerie.

https://www.ouest-france.fr › Pays de la Loire › Angers ▾

Jean-Luc Perrier est-il vraiment mort dans un accident de la …

18 oct. 2021 — Jean-Luc Perrier, qui a démontré que l'on pouvait dès les années 1970 produire de l'hydrogène à partir de l'énergie solaire. …

Qu'avez-vous à en dire ? Accident ou pas ?

— Dadu, Je ne connais pas suffisamment ce sujet pour vous répondre.

II) CONVERSATION AVEC L'EXPERT - RETRAITE D'EDF

SÉNIOR

Retraité d'EDF

AUJOURD'HUI 14 juillet 2022

Dadu 20:00

Merci pour l'invitation et le contact, Sénior. Vous savez, quand j'étudiais à Poitiers j'ai échangé avec J-M, je l'ai même interviewé pour mon DUT.

Notre prof de bureau d'étude était un nul, aucun sens de la perfection, et en plus raciste.

Il ME SEMBLE QUE JE CONNAIS VOTRE NOM — ou je confonds avec M. Audiard… —, mais cela me procure une certaine empathie pour vous, pour votre génération, qui n'a pas autorisé ce génie à exercer, ceci avec la force, la violence, LA BÊTISE.

Dadu 20:01

Maintenant, je vais vous poser une question : est-ce que votre vie a eu du sens ?

SÉNIOR 20:02

Merci d'avoir accepté mon invitation.

Dadu 20:02

Je vous en prie.

SÉNIOR 20:02

Dois-je répondre à votre question ?

Dadu 20:04

Cela m'aiderait à trouver du sens à ma vie, je ne vous citerai pas et on ne me croirait pas de toute façon, moi, je suis handicapé, vous, le retraité EDF.

SÉNIOR 20:05

J'ai su donner du sens à ma vie, et je ne me plains pas de ce qu'elle m'a donné…

Dadu 20:06

Ça manque un peu d'enthousiasme, pas d'amertume quand même ? Ce serait trop dommage, il faudrait se ressaisir pour lui en donner.

SÉNIOR 20:07

Non, je ne suis absolument pas amer.

Dadu 20:16

C'est ce qu'il faut, car mon pauvre père à moi a fini trop amer, et j'avais la part de responsabilité qu'il m'a fait porter malgré moi. Si vous voulez regarder le parcours d'un « nageur solitaire » grâce à mon profil du réseau, c'est le résultat du travail de monsieur Mitterrand, avec monsieur Monory d'après moi — qui ont autorisé ce meurtre, mais je ne peux l'affirmer, je n'ai pas de preuve irréfutable. Vous saviez que Jean-Luc était un passionné et qu'il a perdu son unique frère d'un accident de bateau ?

Excusez-moi j'ai été interrompu par ma conjointe et une de ses amies bien sympa.

Dadu 20:18

Je n'ai pas précisé qu'à 13 ans, j'ai perdu mon meilleur ami. À 17, mon meilleur professeur. Il ne m'a pas tant donné vraiment de connaissances, mais le goût d'en gagner, donc la vocation pour le bureau d'étude et les énergies nouvelles.

Dadu 20:20

Si un jour vous souhaitez me confier quelque chose, quoi que ce soit, n'hésitez pas, vous voyez, je ne me suis pas gêné.

SÉNIOR 20:21

Je n'ai rien de particulier à confier.

Dadu 20:22

Je vous laisse, si vous cherchez de la lecture, vous êtes comme moi, vous avez votre vie devant vous pour lire. https://www.bod.fr/librairie/les-pensees-suspendues-de-dadu-damien-siobud-9782322254293 [1]

---

[1] Il voyage de contrat en contrat, ne trouvant pas l'équilibre dans son travail de dessinateur industriel (ni l'équilibre sentimental), ayant pourtant étudié pour exercer dans les énergies novatrices, énergies qui l'intéressent trente-cinq ans trop tôt sous l'influence de Jean-Luc Perrier, ingénieur réalisateur d'un four solaire (l'héliostat) qui fournissait l'hydrogène liquide pour alimenter sa Simca 1000, faisant ainsi l'aller-retour Angers-Poitiers... Jean-Luc Perrier décède sur le trajet de Poitiers, où résidera après sa mort l'héliostat. Damien ne croit pas à sa mort accidentelle (Jean-Luc est mort sur une ligne droite qu'il connaît bien, doublé par un camion qui s'est rabattu trop vite, entre Doué-la-Fontaine et Loudun. J.L. était le premier à faire la morale à ses élèves en cours de technologie sur leur conduite en voiture.) À l'IUT, il profite d'un exposé pour interviewer un ami de Jean-Luc. Ce vieil homme aujourd'hui, qui

---

craignait pour sa propre famille, lui avait dit tout bas qu'il ne croyait pas lui-même à cette mort accidentelle et voulait garder le secret. Neimad imaginera dans ses délires que monsieur M., un pied à Loudun, un pied dans les ministères, ambitieux du Futuroscope et de la stabilité de son poste, porte une part de responsabilité dans cette mort et que l'héliostat n'a pas atterri par hélicoptère de Saint-Barthélemy d'Anjou à Poitiers par hasard : on laisse croire trente-cinq ans après que l'héliostat était trop coûteux alors que Jean-Luc, sans doute avec des aides bénévoles, l'avait conçu et construit seul. Malheureusement, le livre que laisse Jean-Luc ne contient qu'essentiellement des données scientifiques aujourd'hui très abordables, peu de plans de l'héliostat, il n'y a pas prévu les avancées colonialistes aux pôles, en mer, en Amérique latine… et technologiques de forage. Pour lui, le pétrole n'en avait plus que pour trente ans et le nucléaire dix en 1980. Même le four solaire d'Odeillo semblait oublié cinq ans après. Personne ne saura jamais quelle est la part de délire de Neimad pour ce cas sur monsieur M, aujourd'hui décédé. L'objet de cet écart est de décrire l'imaginaire de Neimad, partant des observations de Damien. Pour Damien, il était de son devoir civique de mentionner ses craintes.

L'enseignant du bureau d'étude de l'IUT de Poitiers, incompétent [et raciste reconnu dans la promotion des années quatre-vingt] qui peut être de ceux qui ont coulé le projet dans un des rares établissements où il était déjà trop tard pour garder le sérieux de l'héliostat [il est exposé, en tant qu'avant-garde, comme pièce de musée, puis plus tard démonté]. Cet enseignant a aussi sabordé l'avenir d'au moins deux de ses élèves [dont l'ami d'études de Neimad, Nadji, qu'il a croisé, au chômage dix ans après, à Paris, qui pourtant avait obtenu, avec son fort niveau en mathématiques, des bourses pour suivre ses études en France] doit aujourd'hui sans doute mener une retraite paisible d'enseignant rétrograde, simpliste et xénophobe [et garder son droit de vote].

Les pensées suspendues de Dadu

bod.fr

Ce livre a été vendu comme annales de BAC.

Dadu 20:25

Bonne soirée, profitez bien de votre famille, moi, il me reste ma sœur et ma mère. La femme de Jean-Luc, elle, était amère parce qu'il n'a pas eu d'obsèques dignes de lui.

Dadu 20:27

Merci pour l'invitation et votre geste empathique. Dadu

SÉNIOR 20:31

Merci, Damien.

Dadu 20:39

Merci, Sénior.

SÉNIOR 20:49

De rien, c'est sympa de discuter.

Dadu 20:53

Je ne vous en veux pas, je ne peux en vouloir à qui que ce soit, car les générations à EDF sous l'influence de DE GAULLE, leur idole, avaient des responsabilités engagées, je ne sais ce que j'aurais dit, fait ou pas fait si j'avais été à leur poste, mais par contre, le secret militaire et le secret professionnel ne sont pas les mêmes. Il n'y a pas de secret professionnel, il y a seulement une conscience professionnelle, et à la retraite ou pas, elle subsiste si vous avez une vocation. À moins que vous n'ayez été que fonctionnaire, mais je n'appelle pas ça un métier — il faut une fonction particulière. Je vais vous laisser un temps, ma conjointe se réveille.

Donc, « en deuil », mais pas encore en deuil d'énergie, mon énergie, c'est mon enfant spirituel. Amicalement et respectueusement.

… là vous pouvez arrêter l'histoire, rêver que Sénior, le vieux monsieur, au dernier moment a lâché que « oui, dans les années quatre-vingt et après, ça a fait de foutus bruits de couloirs », mais lisez plutôt la suite.

III) LA VEILLE SUR LE RESEAU PRO

— C. S., arrêtez de confondre l'écologie avec le monde antinucléaire. Je suis fier de payer moins cher mon énergie et de pouvoir avec ces moyens planter des arbres… Bordel ! Vous ne vous déclarez pas pronucléaire, mais anti-écolo, c'est grave et sectaire.

1-les écologistes, cela n'existe pas, ou ils ne seraient pas humains. Il faudrait que l'homme soit un animal intelligent, donc retraité EDF.

2- Par contre, le geste écologiste, lui, est humain, point barre. Votre geste protecteur en est un.

Mon interlocuteur ne répond pas, j'insiste en faisant un post de ce partage (appelons-le « post A ») ci-dessous, fusionné avec la question ci-dessus.

— Dadu, qui vous dit que je ne sais pas reconnaître les écologistes des écolos ?

D'ailleurs, je me considère comme un écologiste de métier en qualité d'exploitant nucléaire que j'ai été durant 37 ans. Un écologiste, c'est celui qui par son activité (et là, son activité professionnelle) fait en sorte de ne pas avoir d'impact sur l'environnement.

Ci-dessous, voilà un écolo qui n'a rien d'écologique qui prône la croisade antinucléaire et qui a même été traduit en justice et condamné pour atteinte à la sûreté de l'État pour avoir attaqué une base nucléaire lorsqu'il était responsable de la com de Red War, pardon Green Peace, je les confonds toujours.

Donc oui, je lutte contre l'écologisme, cette nouvelle religion d'État, et donc contre les écolos en croisade antinucléaire parce que je suis un écologiste qui prône l'écologie comme UN moyen de sauver la biodiversité et donc l'espèce humaine.

Alors je partage sous forme de « document PDF » l'échange avec C. S., un homme dont j'avais déjà auparavant apprécié les écrits sur le réseau :

TITRE : Écologie et nucléaire, ça peut aller de pair

C. S., arrêtez de confondre l'écologie avec le monde antinucléaire. Je suis fier de payer moins cher mon énergie et de pouvoir avec ces moyens planter des arbres... Bordel ! Vous ne vous déclarez pas pronucléaire, mais anti-écolo, c'est grave et sectaire.

1-les écologistes, cela n'existe pas, ou ils ne seraient pas humains. Il faudrait que l'homme soit un animal intelligent, donc retraité EDF.

2- Par contre, le geste écologiste, lui, est humain, point barre. Votre geste protecteur en est un.

— Qui vous dit que je ne sais pas reconnaître les écologistes des écolos ? D'ailleurs, je me considère comme un écologiste de métier en qualité d'exploitant nucléaire que j'ai été durant 37 ans. Un écologiste, c'est celui qui par son activité (et là, son activité professionnelle) fait en sorte de ne pas avoir d'impact sur l'environnement. Ci-dessous, voilà un écolo qui n'a rien d'écologique qui prône la croisade antinucléaire et qui a même été traduit en justice et condamné pour atteinte à la sûreté de l'État pour

avoir attaqué une base nucléaire lorsqu'il était responsable de la com de Red War, pardon Green Peace, je les confonds toujours. Donc oui, je lutte contre l'écologisme, cette nouvelle religion d'État, et donc contre les écolos en croisade antinucléaire parce que je suis un écologiste qui prône l'écologie comme UN moyen de sauver la biodiversité et donc l'espèce humaine.

— Merci enfin pour ces précisions, à mon sens, cela devrait être dit en premier, peut-être même dans votre profil. Autrement, à force, j'en doutais.

Moi-même, mon mentor à 17 ans était antinucléaire, et j'ai mûri, j'en suis revenu. Personnellement, je suis pour la diversité des sources et vecteurs énergétiques (je vois mal une centrale nucléaire à Bora-Bora). Toute ma carrière est marquée de lacunes en matière de volonté et d'allant politique vers les énergies nouvelles. C'était mon créneau, je n'ai pas trouvé l'engrenage !!!!

Dadu

DONC… !

Voilà, vous deviez normalement avoir un post en capture de monsieur @E. B. (appelons-le « post B ») disant que « c'est antidémocratique » (comprenez calomnieux) de supprimer un post (post A) sans prévenir. Il avait créé le post B avec mon PDF, tout le personnel EDF s'est jeté dessus comme des hyènes, vous alliez avoir toutes les descriptions en comportement de meute… @E. B., qui l'avait créé, L'A SUPPRIMÉ SANS PRÉVENIR !! J'Y

AVAIS PASSÉ LA NUIT ENTIÈRE !!! LE SUPPRIMER, C'ÉTAIT BIEN NORMAL, son post n'était qu'invention ou plutôt dû à un quiproquo, **mais sans prévenir le principal intéressé qui était** en première ligne (de mire : ils doivent vraiment s'emmerder chez EDF… à jouer au tir au pigeon le 14 juillet), **EN L'OCCURENCE MOI.**

AINSI, je vous présente E. B., un chargé d'affaires dont LE TRAVAIL N'EST PAS DE SOLUTIONNER LES AFFAIRES, MAIS D'EN INVENTER :

EDF «ne passera pas» l'année, si le gouvernement maintient tel quel son bouclier tarifaire, alerte le CSE du groupe

lefigaro.fr • Lecture de 3 min

Christian Semperes et 885 autres personnes   173 commentaires • 62 partages

J'aime   Commenter   Partager   Envoyer

Alors, quand vous serez vieux comme Sénior et que vous prétendrez ne pas avoir entendu parler d'un meurtre, pensez aux loups, ils sont entrés dans Paris avec leur compteur inflammable Linky.

2e partie

À mon commentaire déjà cité… :

« Il ne faut pas que je sois rancunier, car je crois que votre génération a tué Jean-Luc Perrier, mais n'a jamais été capable de tuer ma vocation (ça m'aurait bien arrangé !) Vous vous rappelez bien Jean-Luc Perrier, il avait un très bon ami garagiste qui après cela vivait avec la peur, comme ses collègues de la Baronnerie.

Qu'avez-vous à en dire ? Accident ou pas ? »

I) UN AMI ESSAIE DE ME TEMPERER

Car si j'affiche mon handicap, il sait que je suis peut-être vulnérable :

— Cela peut être un accident, mais on avait sans doute intérêt à se taire sur Jean-Luc Perrier, dont l'invention risquait de menacer les grandes entreprises.

— Je connaissais cette route, je connaissais Jean-Luc, je me fous des entreprises qui lui ont sucé le sang, ce n'est pas un accident. Les gens qui connaissaient Jean-Luc après cette mort avaient tous peur, ça ne te parle pas, ça ? Excuse-moi, c'est top (trop) d'hypocrisie, ce génie nous aurait fait rouler à l'hydrogène issu du solaire il y a 41 ans, il aurait réduit nos factures EDF, nos émissions de CO_2 en les remplaçant par de l'eau qui serait retombée en pluie pour les terres, on pourrait être bien plus autonomes en énergie sans ce nucléaire et je découvre qu'une énergie prétendue pas cher coûte 41 milliards pour démanteler une centrale jusqu'à, au moins, l'an 2135 — d'après la ministre belge. Tous ces nantis qui ont tué J-L DOIVENT PAYER LA NOTE, car tu vois, ce post, c'est la face DAMIEN, mais le commentaire, c'est NEIMAD et les deux sont authentiques : tu vois comment il faut le beurre et l'argent du beurre à la meute, le post le décrit bien, aucun scrupule à prendre les villes en otage et en même temps écrire : « En fait, la centrale s'adapte à son environnement. » FOUTAGE DE GUEULE !! MOI AUSSI !!! ÇA AU MOINS CE SONT DES TECHNICIENS, des INGÉNIEURS,   zéro   jugeote,   tout   pour « MAGUEULE » ! Bon, j'arrête là, merci à la Belgique d'avoir plus de bon sens !!!

Ces grandes entreprises, C'EST D'ABORD DE GROS CONS SANS SCRUPULES

MAINTENANT QUE 1040 personnes m'ont trouvé « intéressant », je donne mon point de vue !! EDF A PRIS LA FRANCE EN OTAGE.

EDF NOUS A FAIT PRENDRE 40 ANS DE RETARD SUR LES ÉNERGIES NOUVELLES ! Non ? Alors, 20 ans de retard — si au moins il nous restait de l'uranium…

J'ai oublié les maths, moi, et j'en suis fier, le bon sens n'est pas de ce pays ! REGARDE TOUS CES CURIEUX, VAUTOURS AVIDES DE posts DÉBILES. Expérience concluante, les Français paieront leurs conneries ! Bien content de ne pas avoir été instit pendant 25 ans et de ne pas avoir continué comme enseignant, j'aurais fabriqué des révolutionnaires ! LES GOSSES BOUFFERONT LEURS PARENTS TOUT CRUS. POINT BARRE. FAITES PAS DE GOSSES !!

Excuse-moi, Ryozo j'ai pleuré pour toutes ces vies gâchées, j'en ai vu d'autres chez des jeunes qui étaient très capables et sont peut-être morts suicidés… Notamment un à Tours qui a dénoncé à la radio une « faille nucléaire » et qui a été très jeune classé « handicapé ». C'est ça, l'avenir des génies… Merci, Jack Lang, pour ton invention morbide de Nième art le jeu logique, pardon, illogique ! Absurde !!

Il paraît que BILL GATES VEUT SAUVER LA PLANÈTE, QU'il commence par planter un arbre, par mort à venir, sur cette planète !

Maintenant, LE POST DÉBILE BIEN FRANÇAIS qui a fait 1040 impressions en six heures (il ne faut vraiment pas être bien ! C'est comme la pub, plus c'est débile, mieux ça marche) :

« Ce que je ne comprends pas, c'est qu'on mette les centrales nucléaires près des villes (Chinon-Avoine) au lieu de faire comme pour les poudrières : les mettre en pleine forêt. C'est presque offrir des gens en otage pour une guerre (!) Etc. » au début du livre…

« … Par contre, cela confirme ce que je pensais hier avec un ami, la gestion d'une centrale est faite de volonté écologique, car elle respecte ses employés (ou presque tous). »

Voilà le « (ou presque tous) », ça en fait au moins deux, J.-L. Perrier et l'ami tourangeau, en 1995, sans me compter, vous aurez un peu mieux compris mon discours.

Maintenant, si vous posez une question à un technicien de ce genre, traduisez la réponse « vous payez, tout pour MAGUEULE ».

« C'est presque offrir des gens en otage pour une guerre (!) »

— Oui, mais MAGUEULE importe plus, ce n'est pas moi qui ferai LAROUTE, faut pas toucher à MAPAYE…

À bon entendeur, les amis,

Salut.

Donc si l'écologie, c'est MAGUEULE, « magueule », elle va crever grande ouverte !!

II) Apres le createur d'affaires, le rattrapage par le retraite **EDF**

Je suppose qu'un roquet de EDF a lu tout cela, plus mes échanges de ce samedi 17/07/2022. Là, je suis épuisé, un problème de vue très handicapant, mais voilà un échange qui en avait découlé :

 Damien SIOBUD (DADU) • Vous   55 min •••
Écrivain - "l'important, ce n'est plus la rose mais, autant, le rosier"

Ma question Claire
1-le milliSivert est-il une unité de radio activité
2- quelles différences de longueurs d'onde
3-cette unité réduit t'elle la longévité d'une onde radioactive?
4-Alors pourquoi ce retournement de veste
5- comme pour le franc et l'euro peut on voir les chiffres dans les deux unités
6-Est-ce que ce milliSivert cache quelque chose?
7-PROUVEZ-LE!!!!!!! (Bordel)

J'aime | Répondre

Damien SIOBUD
1- NON , le Sivert et ses sous multiples comme le milliSivert sont des unités d'équivalent de dose (quantification de l'impact sur l'homme).
2-En radioactivité on ne parle pas de longueur d'onde mais d'énergie du rayonnement exprimée en keV (kilo Électron Volt) ou ses multiples (Mev notamment).
3- Veuillez préciser votre question.
4- Idem ci dessus
5- 1 rem = 0,01 Sv = 10 mSv.
1 Sv = 100 rem.
6- Non
7- C'est fait...!!

Bravo · 🗨 2 | Répondre

Là, j'ai tout de suite applaudi (je suppose qu'il a été le deuxième 😀).

Hélas ! La suite, pour quelle raison ? Sans doute ce roquet sur le réseau pro qui voulait me mordre :

Damien SIOBUD (DADU) • Vous   •••
Écrivain - "l'important, ce n'est plus la rose mais, autant, le rosier"
2 h •

Pour info: je crois comprendre que je suis accusé de spam?
N'appelle aucun commentaire!

Damien SIOBUD (DADU) • Vous   3 h (modifié) •••
Écrivain - "l'important, ce n'est plus la rose mais, autant, le rosier"

Eric BABY Alors je constate que vous vous enfoncez, vous NIEZ
LE POST DU 13/07/2022 ET M'IJNSULTEZ ENCORE??? C'est moi
, cher manipulateur qui vous ai mis les liens sous le nez pour y
répondre, pas pour m'insulter!! Mon audience a augmenté d'un
tiers en l'absence de vos réponses et votre déni. Cor ...voir plus

🚫 Vous seul(e) pouvez voir ce commentaire. Ce contenu a été
supprimé parce qu'il va à l'encontre de nos Politiques
relatives à la communauté professionnelle. En savoir plus

J'aime | Répondre

Afficher plus de réponses

J'avais partagé ce post « pour info » uniquement aux ami(e)s, deux amis se sont montrés solidaires le soir même.

Heureusement, certaines amies ont apprécié ma franchise d'un post :

Damien SIOBUD (DADU) • Vous   ...
Écrivain - "l'important, ce n'est plus la rose mais, autant, le rosier"
2 j • Modifié • 🌐

Voilà un côté décevant du réseau: Vous parlez de choses banales plutôt évidentes, alors vous passez de 111 vues du profil à 147 … C'est bien triste que les choses importantes passent innapercues. au bénéfice des choses très complaisantes. On oublie que les réalités contradictoires, mais pourtant justes, existent (et expliquent les situations conflictuelles). Les logiques peuvent se contredire et tenir debout. Il faut être un peu scizophrène pour le comprendre et le revendiquer.
Mon ami japonais <u>Ryozo</u> qui a plus de vocabulaire qu'un français banal emploi le mot "morne" pour désigner le site. C'est très bien dit.
Dadu

Statistiques
👁 Privé pour vous

147 vues du profil   **68 impressions de posts**   **34 apparitions dans les**
Découvrez qui a vu votre profil.   Découvrez qui interagit avec   **résultats de recherche**
                                      vos posts.   Découvrez la fréquence à
                                                                             laquelle vous apparaissez dans
                                                                             les résultats de recherche.

fouad rguibi et 10 autres personnes   12 commentaires

👍 J'aime   💬 Commenter   ↗ Partager   ✈ Envoyer

📊 404 impressions   Voir les statistiques

Je sais que normalement, je ne regarde pas trop les statistiques, je veille à ce que les résultats baissent peu, mais le 13 au matin, nous étions à 111 vues du profil, ce 17/07/2022, je ne sais même pas… regardons :

Statistiques
👁 Privé pour vous

169 vues du profil   **115 impressions de posts**   **34 apparitions dans les**
Découvrez qui a vu votre profil.   Découvrez qui interagit avec   **résultats de recherche**
                                      vos posts.   Découvrez la fréquence à
                                                                             laquelle vous apparaissez dans
                                                                             les résultats de recherche.

Résultat : 169 vues.

Moi, cela me suffit, je vois que mon amie gendarme m'a trahi, que je vais donc contre le pouvoir de l'OTAN... J'ai tout compris, alors je renonce.

MAIS JUSTE UNE PETITE CHOSE :

Pas besoin de preuve, juste d'un peu de mémoire pour se souvenir que dans la ligne droite entre Doué-la-Fontaine et Loudun, pour qu'un camion (Antargaz camouflé ?) veuille doubler J.-L. Perrier, il faut être criminel, car il n'avait pas où passer, où doubler, regardez les vieux cadastres... moi, je me souviens de cette route, et bien assez (cette section m'impressionnait avec ses profonds fossés de chaque côté de la route) !

Voilà, j'ai gardé le meilleur pour la fin.

Tout cela ne vous apprend rien ni à vous ni à moi : on sait tous que les secteurs de l'énergie sont pourris, jusqu'à initier des guerres : point.

Dadu, qui n'est pas gêné d'être pris pour un taré, si l'on compare aux « références » : Cf. 3e partie, pour changer, avant la conclusion, pour ceux qui ne connaîtraient pas certains types d'échange CONDESCENDANTS sur les réseaux sociaux (ou ailleurs).

3ᵉ partie

J. R. (un inconnu)

Dadu, un écrivain qui se base sur les paroles d'un ministre. T'as le sentiment qu'ils œuvrent pour le bien commun des Belges, tes ministres ? Non, pas plus que de tes gosses, sinon tes hôpitaux seraient irréprochables comme tes écoles. Tes arbres, ils sont en train de cramer chez moi. On en replante d'autres pour les étés prochains ou bien on agit de manière qu'il n'y ait plus d'arbres cramés de cette ampleur ? Nos ministres, par l'absence d'action, donc d'investissement ont clairement répondu qu'ils s'en battent les c*****. Tu t'es fait bouffer le cerveau des décennies durant par des types qui vont se barrer avec la caisse.

Dadu 21:00

Ma question claire

1- Le millisievert est-il une unité de radioactivité ?

2- Quelle différence de longueur d'onde ?

3- Cette unité réduit-elle la longévité d'une onde radioactive ?

4- Alors, pourquoi ce retournement de veste ?

5- Comme pour le franc et l'euro, peut-on voir les chiffres dans les deux unités ?

6- Ce millisievert cache-t-il quelque chose ?

7- PROUVEZ-LE !!!

Pas de trace non plus de Maine Yankee (une centrale américaine) sur le taux de cancer sur les populations noires de là-bas, on diffuse un PDF sur la mortalité, mais pas cet inconfort du cancer. Tout ce qu'on découvre, c'est que le cancer se soigne quatre fois mieux qu'il y a bien longtemps. Ça, c'est de l'info du net ! UN OUTIL OÙ LE RÉFÉRENCEMENT FAIT TOUT !!

SÉNIOR

Dadu, Sauf que moi, contrairement à vous, je fournis des preuves de ce que j'avance — il n'a pas l'expérience du fait que les informations secrètes sont repoussées par les moteurs de recherche, je suppose par un gros travail derrière :

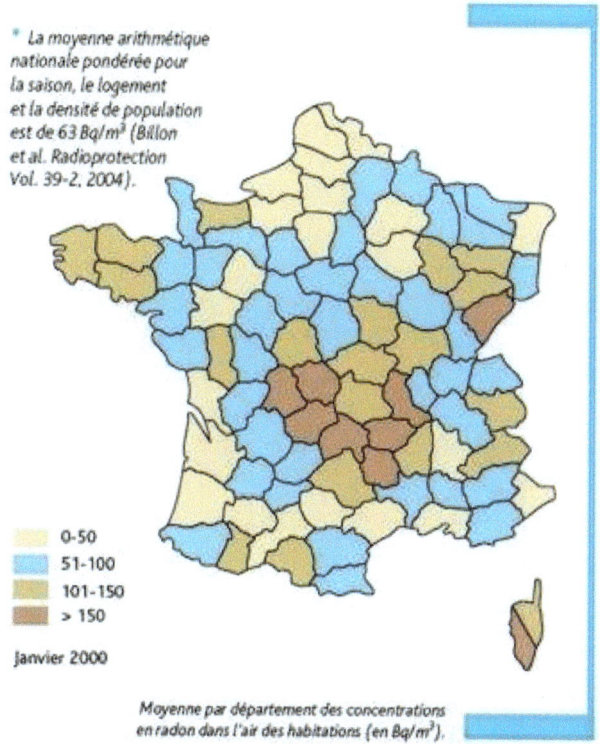

* La moyenne arithmétique nationale pondérée pour la saison, le logement et la densité de population est de 63 Bq/m³ (Billon et al. Radioprotection Vol. 39-2, 2004).

0-50
51-100
101-150
> 150

Janvier 2000

Moyenne par département des concentrations en radon dans l'air des habitations (en Bq/m³).

C'est là que E. B. intervient, toujours à l'attaque, faussement diplomate (même si je sais très bien que la radioactivité, notamment de l'eau rejetée des centrales, en été, n'est pas comparable à celle du Massif armoricain. Mais je ne relève pas la boutade de Sénior, par respect pour lui et son âge) :

E. B.

Dadu : Cher Monsieur, vous devriez aller consulter au lieu d'ameuter.

Les lecteurs jugeront. Bonne journée,

Dadu

Cela expliquerait, suivant les termes de C. S., que ce qui n'était qu'un green PEACE soit transformé par votre meute en « Red WAR », si vous provoquez tout le monde, c'est peut-être que vous avez une fin (en tête), DONC RAPPELEZ VOTRE MEUTE !!! Et moi, j'ai au moins un interlocuteur correct qui me parle d'une nouvelle unité (à échelle humaine, voire une échelle centrée sur l'humain).

MAIS EN EFFET, JE CONSTATE UNE GRAVE DIFFÉRENCE ENTRE VOUS ET MOI. POINT. L'échange est stérile.

Dadu (à J. R)

J. R, T'es qui toi encore (je m'exprime comme vous) : faites votre livre si vous en avez tant à dire (et consultez les miens).

J.R.

Dadu : Ça change quoi qui je suis ? Simple citoyen de classe moyenne française pour répondre à ta question.

Dadu

J.R. : Tu ne t'es jamais posé la question de, qui tu es : je constate qu'on est comme DEUX CONS, voire plus. Enfin, moi, j'ai eu une réponse que j'ai tout de suite applaudie.

J.R.

Dadu : 2 commentaires pour répondre sur rien. Écoute, si tu n'as rien de pertinent à dire, contente-toi de questionner, il n'y a rien de honteux à être ignorant.

Dadu

J. R., j'ai approuvé ton dernier commentaire, (par un bravo), puisque ton premier était une affirmation, qui donc n'attendait pas de réponse. À ton tour :

« 2 commentaires pour répondre sur rien. Écoute, si tu n'as rien de pertinent à dire, contente-toi de questionner, il n'y a rien de honteux à être ignorant. »

(Aucun commentaire)

(Il n'a pas dû approuver… ☺)

Défoulez-vous, je crois que ce post s'y prête et rigolez bien, par cette chaleur, ça fait du bien.

<u>J.J. U. G.</u> (encore un nouvel « interlocuteur », « non contributeur » ☺)

Dadu, vous n'êtes pas sur FB ou Twitter.

Vos « échanges » m'ont donné une idée pour une application alternative à LinkedIn : qu'elle donne aussi la capacité de mieux choisir les avis qui nous intéressent et de ne pas suivre certains « contributeurs ».

Un gain de temps certain.

<u>Dadu</u>

E. B. Alors je constate que vous vous enfoncez, vous NIEZ LE POST DU 13/07/2022 ET M'INSULTEZ ENCORE ??? C'est moi, cher manipulateur, qui vous ai mis les liens sous le nez pour y répondre, pas pour m'insulter !! Que j'écrive les mots ADULTE HANDICAPÉ dans un titre de livre n'autorise pas à la discrimination. M'autorisez-vous à vous signaler, pour voir si vous êtes protégé ? Vous avez bien compris que c'est mérité… car je consulte déjà☺. Devrais-je vous en souhaiter ou recommander autant ?

Ce jour-là, il faisait trente-cinq degrés Celsius dehors, 28,6 °C dedans.

Séance décongélation-décontraction-dérision 😊, de circonstance :

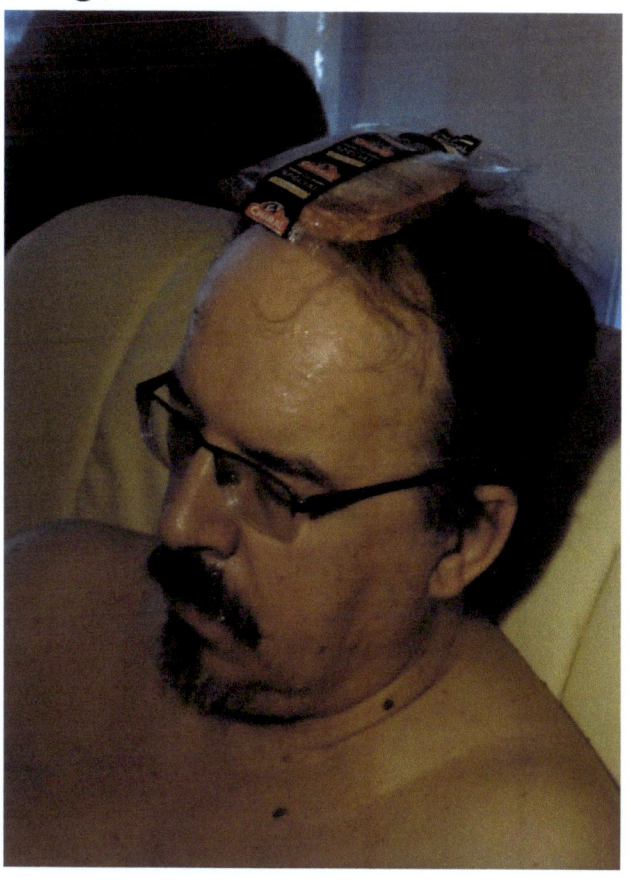

Conclusions

FRANCE DÉMENCE (par 29,5 °C dedans)

Je suis effrayé de voir que plus le fonctionnaire est efficace, moins sa conscience de ses actes existe, elle est amoindrie au point de le transformer en le plus talentueux des idiots :

– L'enseignant étant le meilleur interprète de *The Wall* en chorale de fonctionnaires.

– Le personnel qui a consacré sa carrière au nucléaire étant incapable d'estimer le temps de démantèlement d'une centrale…. Donc en quoi cette centrale serait fournisseur (réellement) de l'énergie la plus économique et « la moins polluante » (le dégagement de l'énergie étant toujours (systématiquement) de nos jours une pollution, car un réchauffement occasionné…). Il est question de construire 6 EPR sous peu (cela fera encore environ 6 fois 1,6 GW diffusés dans la nature).

– Le personnel du traitement des eaux étant aussi peu conscient que cette poudre violette qu'il ajoute à l'eau par les grandes chaleurs peut être de la fluoxétine (Prozac), un puissant antidépresseur (à pas cher…), qui peut rendre compétitif, mais colérique — ce qui peut mieux expliquer que l'on retrouve des traces d'antidépresseur dans la mer du

Nord (et que l'on retrouve un orque ou un bélouga dans la Seine).

Un peu plus cohérent, le handicapé qui, ne sachant trouver un métier qui ait du sens, une réelle cohérence, demande le statut handicapé, se voyant incapable, inapte à persévérer : trouver une raison d'exercer un métier qui puisse le faire subsister.

Mais est-ce bien de l'incohérence, une inaptitude à faire suivant cette société, déjà ?

Si vous avez l'incohérence adéquate, bravo ! Cependant, je me demande où elle s'arrêtera, j'ai déjà constaté qu'elle mène au meurtre (collectif).

Merci pour ce « contrat social », je ne signe qu'à contrecœur ces arnaques, il se trouve que tout contrat, toute forme d'abonnement en est une grosse.

« Heureux était l'enfant sauvage, condamné est celui qui s'est fait piéger. »

Dadu

****

Démence occidentale

Quel est le sens à suivre, pour ne pas mourir de faim, mourir de chaud ou sous les flammes ?

– C'est le dictat occidental que de mourir plein aux as — au lieu de planter 1000 milliards d'arbres (à 3 euros) — alors qu'on a vécu avec la peur du manque.

Dadu

****

Enseignement de l'histoire géo

À quoi, pouvez-vous me le dire, a servi d'étudier jusqu'à 17 ans, jusqu'au bac (et plus trois ans), si les plus instruits cautionnent sur les réseaux sociaux la guerre (même au bénéfice de l'OTAN) ?!

Dit autrement :

À quoi sert d'être érudit si c'est pour, en conséquence, cautionner une guerre en la boycottant et en y apportant des armes ?

Ou encore ?

« Faire la paix », est-ce bien de notre vocabulaire ?

****

« **Il n'y a qu'au bord du gouffre**, tout nu, dans un fauteuil en roue libre qu'on doit retenir dans la pente, qu'on se rend compte de la profondeur du trou. »

Dadu

****

Il est très difficile d'admettre que nous sommes éphémères, sans aucune utilité de notre vivant, et en même temps, des pièces qui sont importantes, de grande responsabilité, nécessité et je le souhaite de grande intelligence et faculté d'adaptation pour cette planète.

Tant que nous sommes vivants, si nous avons pris conscience de notre genre humain comme entité, si éphémère, il faut prendre conscience de nos immenses potentiels, pas obligatoirement avertir de nos actes pour la planète, mais les donner, les offrir, comme argument d'exemple, d'espoir et d'actes pratiques accomplis.

La seule fatalité est que l'on mourra un jour, il n'est pas question d'être kamikaze ou des héros, il est question de responsabilité de celle qui nous a vus, fait naître et jouir d'elle si longtemps.

Chacun doit réfléchir à ses actes pour elle et essayer d'en faire des actes automatiques ou au contraire les PLANIFIER, BUDGÉTISER, AMÉLIORER.

Maintenant, je coupe l'interrupteur pour un temps. Il fait ou faisait quarante degrés à l'instant dehors. Prenons conscience après l'infiniment grand, l'infiniment petit, de l'infiniment limité comme peut l'être notre poussière de vie.

****

La vie d'une centrale se calcule depuis le début de la fabrication jusqu'à la fin de son démantèlement, vous le savez très bien, vous n'êtes pas idiot (ou je ne vous adresserais pas la parole). Merci de retirer cette interprétation faussement naïve !

Cher Sénior, vous dites que la durée de vie de Maine Yankee aux US est de 37 ans (j'ai retenu le chiffre). Alors que la ministre belge pose que pour démanteler leur centrale, il faut 41 milliards d'euros et ceci jusqu'à au moins 2135, peut-on comprendre ? Peut-être pas ?

Qui peut me donner de ces faits les prix du kilowattheure sur une durée de vie de centrale nucléaire non subventionnée. Une personne m'a dit qu'il n'y a pas de honte à ne pas savoir et visiblement pour Maine Yankee sur 37 ans, on devrait pouvoir faire le calcul, déjà en dollars. Moi, je n'y connais rien, c'est juste que je sais compter.

— Non, ce que je dis, c'est que l'on sait démanteler une centrale en moins de 120 ans. Nos centrales françaises, on espère bien les faire durer 60 ans.

— Sénior, j'ai vu aussi chez vos collègues que l'État voudrait que le kilowattheure soit vendu bien moins cher que ce qu'il coûte. En considérant la durée de vie — voir plus haut (mort incluse) d'une centrale nucléaire… 60 ans comme objectif —, ça fait combien de centimes d'euros du kilowattheure ? Je ne travaille même pas pour moi, je souhaite juste un SERVICE public sans dégâts idiots et incohérents.

— Dadu, ces aspects économiques me dépassent, moi, mon truc, c'est le technique… chimie, radiochimie, mesures de radioactivité, rejets, protection de l'environnement, un peu la corrosion, etc., etc.

— Senior, faire durer 60 ans en activité (A'), ça, je m'en doutais bien (ça se remarque et j'avais fait un article que j'ai supprimé, car tout le monde s'en fout), mais faisant état que le thème du post est le coût du démantèlement (B'), quel est l'objectif C' : A'+B'=C', années (-lumière 😁) ?

— Dadu

T0 = premier béton

+ 60 ans d'exploitation

+ 5 ans d'instruction du dossier de démantèlement.

+ 15 ans de démantèlement

Soit, retour à l'herbe (état initial) au bout de 80 ans.

Je crains que, mon ami Sénior, ce soient plus précisément des chiffres prévisionnels de de Gaulle et que les connaissances de la ministre belge soient plus proches du réel (que feront 41 milliards en 2135… ?) mais je le remercie grandement :

— Merci pour cette réponse, c'est très rassurant, cela, je craignais que les coûts du kilowattheure soient décuplés. C'est enfin une bonne nouvelle pour moi.

****

Fuites d'H² : « insuffisamment étudiées et certainement sous-déclarées »

Jusqu'à présent, l'hydrogène était présenté comme la solution miracle de la lutte contre le réchauffement climatique, à une condition : réussir à produire de l'hydrogène vert (issu de l'électrolyse de l'eau) à l'aide d'une énergie bas-carbone, comme les énergies renouvelables ou le nucléaire. C'est déjà un défi, puisqu'en France, seulement 5 % de l'hydrogène produit en 2020 se classe dans cette catégorie. Mais la nouvelle étude, réalisée par l'ONG américaine EDF (*Environmental Defense Fund* pour Fond de Défense Environnemental), pointe du doigt un autre défaut de l'hydrogène.

« Une nouvelle étude enfonce le clou, en étudiant les risques de fuites d'hydrogène dans l'atmosphère, qui pourraient se révéler fatales pour le climat. »

« Si on calcule le potentiel de réchauffement climatique de l'hydrogène sur 20 ans, celui-ci aurait un impact deux à six fois plus important sur le climat que le CO2. »

« Dans le pire des cas (beaucoup de fuites et hydrogène gris), l'hydrogène a un potentiel de réchauffement climatique sur le court terme (10 à 20 ans) plus élevé que les énergies fossiles ! ». Ce dernier est moins écologique puisque au lieu d'être produit par électrolyse, il est extrait du gaz naturel, avec une capture et stockage du CO2 dans le même temps. L'un des inconvénients de **l'hydrogène gris est qu'il émet du méthane** lors de sa production.

(Source : msn.com, Vincent Sergère 23/08/2022)

— « L'hydrogène est un gaz à effet de serre indirect si puissant qu'il *« pourrait saper les avantages climatiques des efforts de décarbonation »*, a prévenu Ilisa Ocko, une climatologue senior de l'*Environmental Defense Fund,* qui s'est exprimée lors d'un événement EURACTIV le 29 septembre.

Lorsque ces effets atmosphériques sont pris en compte, les avantages climatiques du remplacement des combustibles fossiles par l'hydrogène deviennent moins évidents, a-t-elle averti — même lorsque l'hydrogène est produit à partir d'électricité renouvelable. »

« Pourtant, il y a des raisons de penser que les fuites d'hydrogène seront beaucoup plus limitées. L'une des principales sources de fuites de méthane, les puits de gaz, n'est pas un problème dans la chaîne de valeur de l'hydrogène, a déclaré Magnolia Tovar, directrice Europe pour les carburants sans carbone chez CATF. »

« Nous avons besoin d'hydrogène vert pour notre industrie à forte intensité énergétique, le transport longue distance, ainsi que pour le stockage saisonnier », a déclaré Henrike Hahn, une eurodéputée verte allemande qui s'est exprimée lors de l'événement EURACTIV.

« L'hydrogène a le vent en poupe et la Commission est déterminée à le faire avancer davantage », a ajouté Sarah Nelen, chef de cabinet adjoint du vice-président de la Commission, Frans Timmermans, en charge du Green Deal européen.

L'hydrogène a gagné en importance au cours des deux dernières années et de nombreux États membres de l'UE ont inclus des programmes de déploiement de l'hydrogène dans leurs plans de relance nationaux, a déclaré Mme Nelen ».

(Sources : EURACTIV 14/10/ 2021)

****

L'homme qui a dit « notre maison brûle », mort, a-t-il été inhumé… ?

— À bientôt, l'homme.

Dadu ☺

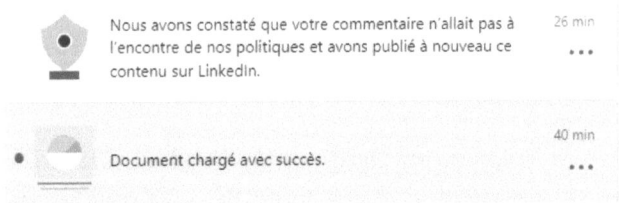

Nous avons constaté que votre commentaire n'allait pas à l'encontre de nos politiques et avons publié à nouveau ce contenu sur LinkedIn.

26 min

...

Document chargé avec succès.

40 min

...

Damien DUBOIS

Épilogue

Quelles que soient ta colère ou ta déception… dans ce long échange, tout ce que cela démontre, c'est la bêtise des réseaux et des individus portés par leur seule ambition et la recherche de leur profit unique… donc il y a des possibles pour tous, que certains nantis ont voulu taire et ne pas voir se développer, pour continuer d'exister avec leur particularisme qui leur permet de se distinguer… Si tout le monde accède au luxe, le luxe n'existe plus en signe de distinction… Ainsi, si quelqu'un peut rendre l'énergie gratuite et la moins polluante possible pour tous, il n'y a plus d'intérêt égoïste à posséder des sources d'énergie. Tu décapes sur EDF, mais si ce n'était pas cette entreprise, cela eût été les pétrolières… **c'est pareil**. L'objectif de ces entreprises est de capter de la richesse pour le seul profit de leurs propriétaires. Avec le besoin pour cela de conserver une masse importante de population en état d'illusion de richesse qui représente une force de consommation et participe activement à drainer les flux de richesse vers des points de convergence qui sont leur portefeuille… personne n'en a rien à faire d'une énergie qui puisse être gratuite et propre et accessible, elle mettrait tout le monde à égalité. Les gens aiment se distinguer, et on le voit dans la rue. Il n'y a jamais eu autant de coupés sport de luxe, ou de très gros SUV noirs aux vitres teintées dans les rues de Ma Ville que ces trois dernières années. On peut ainsi distinguer ceux qui roulent en voiture à haute consommation de carburant des autres… il n'y a jamais eu autant de Tesla électriques dans les rues de Ma Ville, cela en devient presque banal… il y a donc ceux qui roulent ainsi et ceux qui doivent conserver leurs vieux diesels… ça classe, ça distingue, ça sépare, « distingue », ça n'a pas d'autre raison d'être que la ségrégation riches-pauvres, car sans les pauvres, les riches sont comme tout le monde… alors si quelqu'un met une énergie à dispo qui permet à tous de rouler pour pas cher dans de belles voitures propres, comment vont faire les nantis pour croire qu'ils valent mieux que les autres ? Et si on arrêtait collectivement tous d'avoir des voitures et de ne pas s'en servir, ils feraient une loi pour nous obliger à en acheter… et le pire dans tout ça, c'est que tous les acheteurs d'électrique croient faire un geste écolo, comme ils croiraient en un dieu, alors que ce qui pollue le plus, c'est la construction même de leur voiture, et qu'ils auraient produit moins de CO_2 à rouler en diesel sans jamais changer de voiture pendant les 15 prochaines années… mais cela ne se fait pas… on a bien fait croire à chaque consommateur que la vie d'une voiture ne pouvait pas dépasser la durée d'un rasoir jetable, (en exagérant), alors on se croit instruit et en connaissance de cause, on change de voiture comme on change de brosse à dents…

Il ne sert à rien de se battre contre EDF ou Total, mais réactiver la mémoire d'un homme qui avait des solutions il y a 40 ans est utile, cela ouvre des perspectives, et une fois encore démontre la bêtise profonde de l'humain qui, s'il a un cerveau qui produit de l'industrialisation et du savoir, reste un animal avec peu de connaissance et de sagesse… et parmi le troupeau résident beaucoup d'individus trop sûrs de leur propre valeur, de leur supposée intelligence et de leur supériorité… La preuve qu'ils sont meilleurs que les autres : ils sont recrutés par les grandes entreprises énergétiques, c'est dire s'ils sont si intelligents…

Merci pour la référence à ce chercheur,

Paddy

Merci pour ta lecture vraie, Paddy, et de ne pas m'en avoir voulu que le thermomètre ne m'empêche pas de piteuses tentatives de création en ayant suivi le mouvement crescendo.

Damien
(14:00, T=26,3 °C dedans)

Table des matières

Préambule par Google 9

Avant-propos 11

1re partie 13

    I) Les Poudrières 13

    II) Conversation avec l'Expert - Retraité
d'EDF 15

    III) La Veille sur le réseau pro 20

2e partie 27

    I) Un ami essaie de me tempérer 27

    II) Après le créateur d'affaires, le rattrapage
par le retraité EDF 31

3e partie 35

Conclusions 43

Épilogue 53

Du même Auteur 57

Du même Auteur

Aux Éditions du Net :

Linou, Lila et nous, novembre 2017

Ma plume à Pierrot/ My pen for Pierrot, février 2018

Les Petits Petons et les temps suspendus, février 2018

Où (en) suis-je ? Les Editions du net, août 2019

Les petits saints, Les Editions du net, janvier 2020

Aux Éditions Muse :

Le Post de Soissons, mai 2019

Nouvelles de caractères, juin 2019

Books on Demand :

À la Zone le GAFFEUR, septembre 2020

DEUX LETTRES : Je t'aime ET dans la dignité, septembre 2020

Les Pensées suspendues de Dadu, octobre 2020

Ex-time et In-time : l'humain debout, octobre 2020

Ce Qu'elle PEUT Voir Tomes 1-2-3, décembre 2020

Un déménagement presque normal, septembre 2021

Dans ma culture…, octobre 2021

La vieille mentalité française, novembre 2021

Veillées de Guerres, mars 2022

La mort d'une France, mai 2022

Deux Années à Méditer, juin 2022

Editions Jets d'encre :

Le Recueil de Pierrot, Juillet 2021